Annie Groovie

Léon et les superstitions

Tome 2

la courte échelle

Introduction !

Savais-tu que des personnes évitent de passer sous une échelle ou ont peur de sortir de la maison un vendredi treize ? Eh oui, depuis des siècles, des milliers de gens partout dans le monde agissent de cette façon ! On dit qu'ils sont superstitieux.

Une superstition est le fait de penser que certains actes ou certains objets portent bonheur ou malheur. Plusieurs personnes y croient dur comme fer. De nos jours, les superstitions sont si populaires qu'elles font partie de notre culture et même de notre vie quotidienne.

J'ai sélectionné pour toi quelques superstitions amusantes. Maintenant, c'est à ton tour de découvrir ce monde de croyances mystérieuses et étonnantes. Tu verras, elles te sembleront parfois très étranges ou rigolotes ; à toi d'y croire ou pas. Es-tu prêt ? C'est parti !

UNE CHAUSSETTE À L'ENVERS = CHICANE

Il paraît que si l'on met par erreur une chaussette à l'envers, on risque de se chicaner avec un proche durant la journée.

TADAM !

UN CHAT QUI SE NETTOIE LE MUSEAU = TEMPÊTE

Plusieurs personnes de Bretagne, en France, croient que si leur chat se nettoie le museau, cela annonce une tempête ou un gros coup de vent.

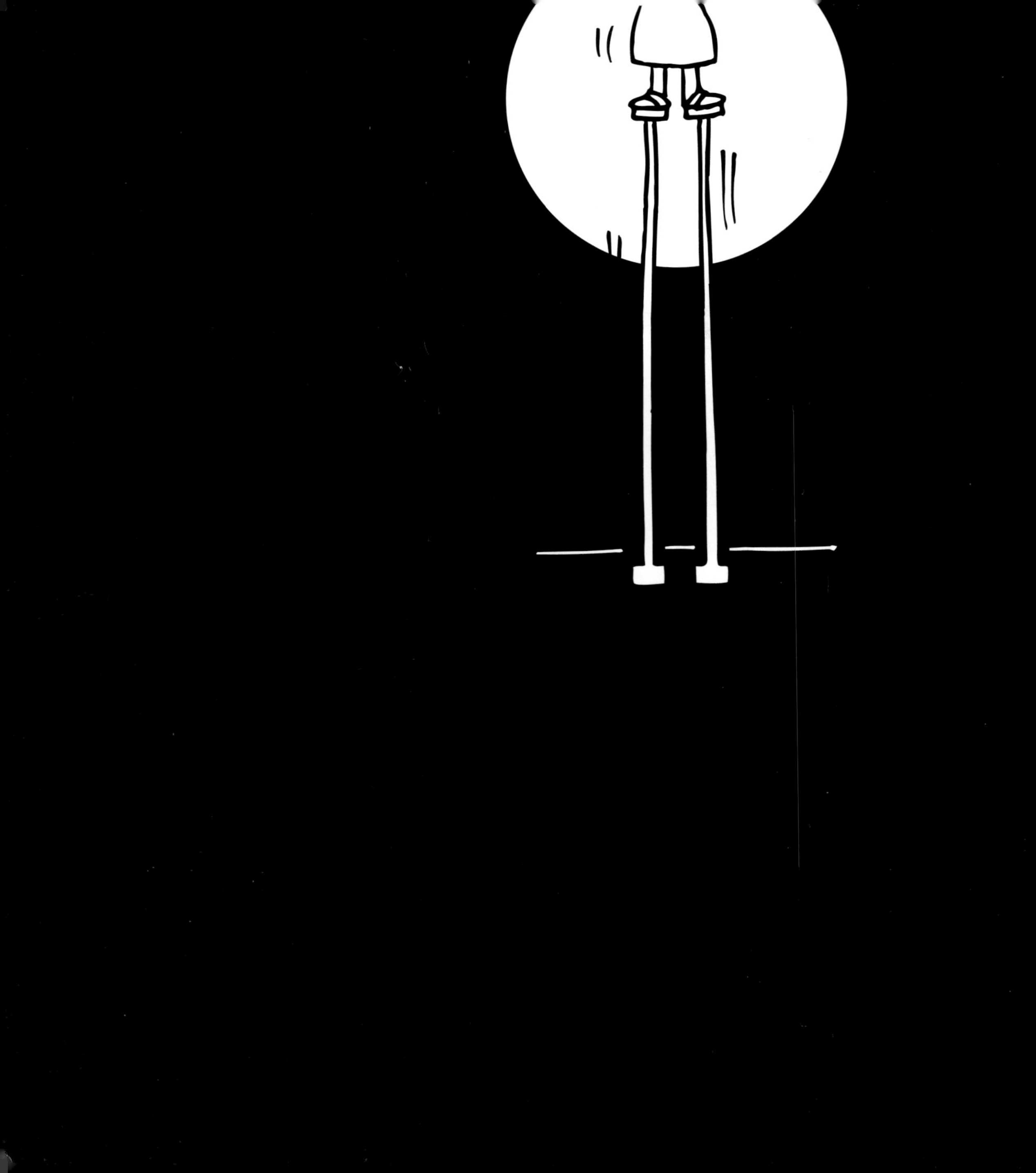

PASSER SOUS UNE ÉCHELLE = MALCHANCE

Ceci est l'une des plus anciennes superstitions. Eh oui, plusieurs personnes préfèrent contourner une échelle que de passer dessous, de peur que cela leur porte malheur!

UN PAPILLON DANS LA MAISON = NOUVELLES

En Bretagne, une région de France, on peut savoir que l'on va bientôt recevoir les nouvelles que l'on attend si, le soir venu, un papillon entre dans la maison.

APERCEVOIR UNE ÉTOILE FILANTE = PORTE-BONHEUR

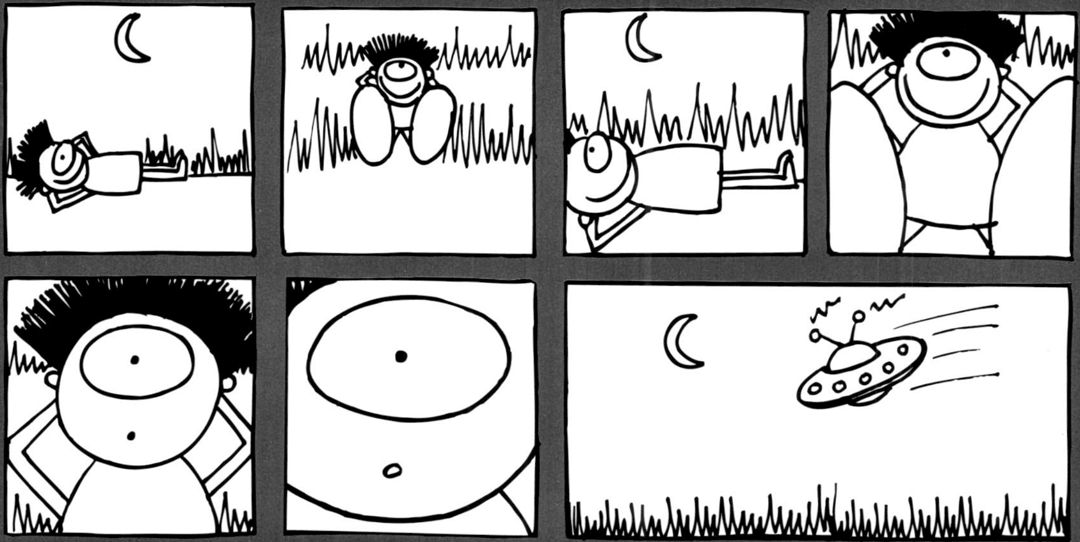

Si un jour tu vois passer une étoile filante dans le ciel, arrête-toi quelques secondes et fais un vœu. On ne sait jamais!

CROISER DES OBJETS = MALCHANCE

On dit qu'il faut éviter de croiser les objets, à table ou ailleurs, car cela pourrait porter malheur.

UN TRÈFLE À QUATRE FEUILLES = CHANCE

Si tu trouves un trèfle à quatre feuilles, garde-le précieusement, il pourrait te porter chance. Et si tu le glisses dans la poche d'une personne qui fait battre ton cœur, on dit qu'elle ne pourra te résister...

SE COIFFER AVANT UN EXAMEN = ÉCHEC

Certains Russes évitent de se coiffer la veille d’un examen de peur d’échouer ou d’oublier tout ce qu’ils ont appris.

SOUHAITER BONNE CHANCE = MALCHANCE

Au théâtre, il est fortement déconseillé de souhaiter bonne chance à un acteur avant le spectacle, car cela risquerait de lui porter malheur. Pour l'encourager, il faut plutôt utiliser le mot de Cambronne, c'est-à-dire « merde » !

C'est Léon !

Léon !!

Léoooooon !

Léon !!

SOUFFLER SES BOUGIES D'ANNIVERSAIRE = CHANCE

Si tu réussis à souffler toutes les bougies sur ton gâteau d'anniversaire, et ce, d'un seul coup, le vœu que tu feras a de grandes chances de se réaliser.

MARCHER SUR LES LIGNES DU TROTTOIR = MALCHANCE

Certaines personnes croient qu'il vaut mieux éviter de marcher sur les lignes d'un trottoir de peur que cela leur porte malheur.

12-0

TOUCHER LES POTEAUX D'UN BUT = CHANCE

Au soccer, avant chaque match, on dit que le gardien de but doit toucher un à un les poteaux de son but pour empêcher l'équipe adverse de marquer un point.

PORTER UN ANNEAU D'OR = MEILLEURE VUE

On dit que pour avoir une excellente vue, on devrait porter un anneau d'or à l'oreille gauche. Bizarre, non?

LES SUCRERIES = MAL DE VENTRE

Si tu manges trop de sucreries, il y a des risques que tu aies très mal au ventre. Ceci n'est pas une superstition, mais bien une réalité.

Les éditions de la courte échelle inc.
5243, boul. Saint-Laurent
Montréal (Québec) H2T 1S4
www.courteechelle.com

Révision :
Simon Tucker

Conception graphique de la couverture :
Élastik

Dépôt légal, 4e trimestre 2007
Bibliothèque nationale du Québec

La courte échelle reconnaît l'aide financière du gouvernement du Canada par l'entremise du Programme d'aide au développement de l'industrie de l'édition pour ses activités d'édition. La courte échelle est aussi inscrite au programme de subvention globale du Conseil des Arts du Canada et reçoit l'appui du gouvernement du Québec par l'intermédiaire de la SODEC.

La courte échelle bénéficie également du Programme de crédit d'impôt pour l'édition de livres — Gestion SODEC — du gouvernement du Québec.

Catalogage avant publication de Bibliothèque et Archives nationales du Québec et Bibliothèque et Archives Canada

Groovie, Annie

Léon et les superstitions

2e éd.

(Rigolons avec Léon)
Pour enfants de 6 ans et plus.

ISBN 978-2-89651-031-3 (v. 1)
ISBN 978-2-89651-033-7 (v. 2)

1. Superstitions - Ouvrages pour la jeunesse. 2. Superstitions - Ouvrages illustrés - Ouvrages pour la jeunesse. I. Titre. II. Collection: Groovie, Annie, 1970- . Rigolons avec Léon.

GR81.G76 2007 j398'.41 C2007-941231-9

Imprimé en Malaisie